Entstanden im Lockdown, vorgetragen auf den Straßen Berlins, versammelt das Werk Lyrik und Kurzprosa. Es umspannt thematisch einen Zyklus von der Aufgelöstheit zur Auflösung und versteht sich als Amor fati im neuen Gewand. In neun Kapiteln finden sich Gedanken und Gefühle zu den Themengebieten *Leere, Zweifel, Tod, Zuversicht, Leben, Freiheit, Liebe, Kunst* und *Zusammenhänge.* All diese Bereiche sind Teile unseres Daseins und obgleich sie sich meist scheinbar widersprüchlich darbieten, herrscht doch Ordnung (Kosmos) in diesem Chaos. Diese Ordnung herzustellen ist Aufgabe eines jeden Menschen. Fremde Werte zu übernehmen wird jedoch nur Scheinordnung erzeugen. Es gilt, die Wirklichkeit zu demontieren um sie danach zu einem eigenen Sinnzusammenhang neu zusammenzufügen. Dieses Werk bildet diesen mäandernden Fluss zwischen Zweifeln und Zuversicht vom Dunkel zum Licht ab. So entsteht eine Gefühlscollage einzelner Gedankenfragmente, die in sich Chaos und Kosmos zusammenführt.

Nora Brandt studierte in Freiburg im Breisgau Deutsch, Biologie und Physik. Sie war zunächst einige Jahre als Lehrerin tätig, später als Redakteurin, ehe sie sich ganz ihrer schriftstellerischen Tätigkeit zuwandte. Heute lebt und arbeitet sie nach diversen Weiterbildungen als Autorin, Sprecherin und Moderatorin in Berlin. Unter ihrem Pseudonym Freifrau von Willen schreibt sie Lyrik und Kurzprosa. Sie liest uns slammt auf Berliner Bühnen, veranstaltet eine Lesebühne und betreibt ein Onlinemagazin. www.norabrandt.de @Freifrau_von_Willen

FREIFRAU VON WILLEN

VON CHAOS UND KOSMOS

völlig chaotisch, aber total in Ordnung

© 2022 Nora Brandt
www.norabrandt.de

Umschlag: Nora Brandt
Herstellung und Verlag: BoD – Books on Demand, Norderstedt

ISBN: 978-3-756-87934-2

Bibliografische Information der Deutschen Nationalbibliothek:
Die Deutsche Nationalbibliothek verzeichnet diese Publikation in
der Deutschen Nationalbibliografie; detaillierte bibliografische
Daten sind im Internet über dnb.dnb.de abrufbar.

STRASSENPOESIE

LEERE

Mohnkapsel

Aus weit entfernter Höhe
besehe ich die Welt.
Ich bin tausend Stücke,
die nichts zusammenhält.

Der Wind drängt eine Böe
durch den blassen Mohn.
Ich bin kaum mehr als Lücke.
Der Himmel dämmert schon.

Die Weite drückt mich an sich.
Das Meer verschluckt das Land.
Ich – entrücke – mich.
Kein Horizont, nur Rand.

Was tut der Mensch

Es gibt Tage, da ist sie schwer zu ertragen, die Einsamkeit. Es gibt Tage, da erscheint sie mir herrlich. Aber es gibt nie einen Tag, an dem sie nicht da ist in einer ihrer milliardenfachen Erscheinungsformen. Immer da, die einzige Konstante. In mir, in dir, in allem. Das habe ich früh erkannt, ich kann mich nicht entsinnen, jemals ohne dieses Wissen gewesen zu sein, und daher habe ich sie zu meiner Verbündeten erhoben, um nicht an ihr zu sterben. Ich habe sie bei der Hand genommen und ihr gesagt, wie schön sie sei, dass sie willkommen sei, habe ihr einen neuen Namen gegeben und sie Freiheit getauft. Zusammen sind wir losgezogen in die Abenteuer dieser Welt und haben Krieg geführt, Freiheitskrieg. Ich habe sie mir einverleibt und wer mich will, muss uns beide nehmen. Ich habe sie meine Geliebte genannt und meine Wahrheit. Sie hat den Platz eingenommen, der allen anderen damit verschlossen blieb. Unser Bund ist auf Opfern gegründet. Kein Problem, auch wenn es schmerzt, ich bin stark, ich trage sie auf meinen Schultern wie Atlas die Welt, denn es gibt ein Ziel: die Freiheit. So dachte ich.

Sie ist meine einzige Sicherheit, meine Einsamkeit, denn sie ist unsterblich und überall. Nie wird sie mich verlassen. Also liebe ich sie. Und Liebe, was ist schon Liebe? Ist sie nicht nur ein Pflaster auf der Angst? Warum dieser Angst nicht also ins Angesicht blicken? Dieser Angst, nichtsbedeutend und endlich zu sein. Liebe lügt, wenn sie vom Besonderen spricht. Einsamkeit ist grausam aber ehrlich. Und Ehrlichkeit ist der Anspruch, der mich in den Untergang führt. Ehrlichkeit ist der Anspruch, der mich immer wieder gnadenlos zurückwirft auf meinen einzigen Partner, die Einsamkeit. Denn genau wie die Einsamkeit überall ist, ist die Ehrlichkeit nirgends. Nichts mehr als eine Sehnsucht, ein erhobenes Ideal. Wer die Ehrlichkeit nicht achtet, der kann sich der Liebe hingeben, der süßlichen Kruste auf der klaffenden leeren Wunde, hinter der sich nichts verbirgt: keine Wahrheit, keine Besonderheit, keine Sicherheit, keine Dauer. Wer die Ehrlichkeit nicht achtet, der kann die Einsamkeit verleugnen, sie aus dem Leben verbannen, hinab in die unterirdischsten Gänge, wo sie einem nur als schauerliche Ahnung gelegentlich Angstschweiß ins Gesicht treibt. So legt der Lügner all seine Energie in die Scheinsicherheit der Liebe, verpflastert die Ehrlichkeit und bezahlt mit der Freiheit. Was kann man tun? Einsamkeit und Freiheit verfolgen in der Hoffnung, sich dabei selbst lieben zu lernen? Oder lügend lieben und die Liebe zu sich selbst verpfänden für die zu anderen? Ist das die einzige Auswahl, die wir haben? Kann man nicht wie bei einem Büffet ein bisschen von allem auf den Teller packen? Ob es schmeckt oder nicht? Ein bisschen Einsamkeit, ein bisschen Liebe, ein bisschen Glauben an Wahrheit, Ehrlichkeit, Freiheit? Dazu neigt man, doch am Ende schmeckt man weder die Schrimps raus, noch die Krabbencreme, noch irgendwas, außer einen matschigen, völlig überteuerten Brei. Wie sagt man dann: Im Magen kommt sowieso alles zusammen. Eine Weisheit, die tiefgründiger ist als sie wirkt. Im Magen kommt alles zusammen. Es verschwindet die Bedeutung der Krabbe, die Bedeutung deren Futter, die Bedeutung des Krabbenessens im Magen des Zeitenwandels. Wenn ein Rülpsen bleibt, kann man sich glücklich schätzen. Und so hoffen wir, uns im Kampf um Bedeutung, Liebe und Anerkennung wenigstens als Rülpsen in der Nachwelt zu halten.

Heute ist ein Tag, an dem mich die langjährige Ehe mit der Einsamkeit über Scheidung nachdenken lässt. Denn heute kann ich ihre Grausamkeit nicht mehr ertragen. Sie stülpt sich gänzlich um mich und nimmt mir die Sicht, die Luft, die Freiheit und jeden Rest von Lebensmut. Ein bisschen Liebe vom Büffet würde ich mir heute um jeden Preis gerne auf den Teller packen. Doch auf meinem Schlachtfeld ist niemand mehr übrig, der mir seine Liebe opfern möchte, den ich als würdig empfinden würde, zu lieben. Zu siegreich schien mein Kampf bisher, hat mich die Freiheit in unendliche Höhen gehoben, in unendliche Tiefen gezerrt, aber mich immer wissen lassen: *Du bist am Leben* und mich ahnen lassen: *Du gestaltest es selbst, du trägst die Macht über dein Leben verantwortungsvoll in den eigenen, selbstliebenden Händen.* Heute schreit das Gespenst aus meinen unterirdischen Labyrinthen: *Lüge! Nichts als Lüge! Du hast dich von der Freiheit blenden lassen und alles, was sich dir liebend genähert hat, in Schutt und Asche gelegt. Deine vermeintliche Selbstliebe ist nichts als die Freude daran, dich selbst auszulöschen.*
Was tut der Mensch, wenn er erkennt, dass seine Bedeutung nichts weiter ist als das eigen erschaffene Spiegelkabinett seiner selbst? Was tut der Mensch, wenn ihm die Liebe abhandengekommen ist?

KAKOPHONIE

immer immer wieder kehre
ich zurück in meine leere
—
lichtloser sumpf aus: schwere

ein luftleeres gähnen gellt
durchdieimmergleichewelt
die mich in sich
– gefangenhält –

ZU LAUT! ZU SCHRILL!
zu grau... zu still.
zu wenig... zu viel!

was kümmert mich ein leben,
das müder ist als schlaf?

du erstickst und ich verblute

die welt ist eine wiese
ihr macht sie zum grab
anstatt blumen sät ihr schlaf

ich bin müde vom träumen
vom ping-pong-spiel allein
ich tanze tango
mit meinem schatten
und schreie mein echo an
dein gasherd mag dir feuer sein
ich brauche echtes holz

mein feuer brennt nicht
es glimmt nur die glut
tröstet vor der kälte
nicht gut
nur gut genug
der schritt wirft seinen schatten
an die kalte wand

im keller meiner seele
zu voll für eine leere welt
schläft diese wahrheit
neben den träumen
begraben in tapferer trauer
beatmet mit ängstlichem mut
und friert

im keller deiner seele
zu bang für eine volle welt
schläft deine wahrheit
die keine träume kennt
neben deiner mutigen angst
in trauriger tapferkeit
und wurde nie geboren

du siehst mein licht
das heller scheint als deines
hältst es für lodernde flamme
und begreifst nicht
dass ein funke allein
es schwer hat
brandherd zu sein

kein loch in deiner mauer
du hast kein glück?
ich schenk dir ein stück
ich schneid´s mir aus dem herz
kein licht für eine pflanze
ich schenk dir eine
wenn ich auf deinem grabe tanze

noch schlägt mein herz
die farbe wäscht sich aus
du erstickst und ich verblute

ZWEIFEL

Ich habe meinen Löwen in Ketten gelegt
und ächze unter den unsichtbaren Fesseln.

Ich will wüten und rasen und fauchen und jagen,
doch der strenge Wärter heißt Moral und Selbstanspruch
und kennt keine Gnade: wacht unaufhörlich unnachgiebig.

Im Bannkreis haust das Tier in mir und spielt nur brave Spiele.

Bruder

Ich fühle dich noch ehe ich dich sehe
Du sitzt versunken da auf einer Bank
ein Stapel Bücher unberührt daneben
Es scheint, du suchst in vielen Tiefen nach dem
Grund

Dein Blick gen Boden starrt verschleiert
Du hängst in dir wie ein gewaschen' Hemd im Schrank
In dein Gesicht sind scharf die Fragen eingegraben
und Schwere zieht an deinem schiefen Mund

Ich schickte dir so gerne meinen Trost
mit einem Lächeln etwas schwesterlichen Mut
höbst du die Augen doch für einen kurzen Blick...
Missglückt. Zu fern liegst du begraben in dir selbst

Die harmlose Spinnerin

Ich denke manchmal an sie.
Nie habe ich ein Wort mit ihr gewechselt,
doch noch nach all den Jahren ist sie in meinem Leben
präsent. Manchmal blickt sie mich ungefragt im Spiegel
an, manchmal lauert sie mir um die Ecke einer
Straßenkreuzung auf oder sie lächelt mich über den Rand
eines Buches hinweg an. Ich weiß nicht wie sie hieß.
Sicher lebt sie nicht mehr.

Ich wuchs in einem Dorf auf, nahe einer beschaulichen
Stadt im Süden des Landes, wo nur eines gilt: nicht aus
dem Rahmen zu fallen. Fährst du einen großen Wagen
machst du dich ebenso zu Gespött wie mit einer alten
Kiste. Verdienst du zu viel Geld bist du abgehoben,
verdienst du zu wenig hast du es nicht geschafft. Selbst
die akzeptierte Haarlänge fällt in einen kleinen Spielraum
zwischen zu lang oder zu kurz. Das Schlimme an all dem
ist, dass diese Verhaltensweise eine unhinterfragte und
meist unbemerkte ist. Man hat sie verinnerlicht. Brav und
sittentreu begräbt man seine Träume als Hirngespinste
(Nur Flausen im Kopf!) und passt sich an: Nicht zu laut
reden, nicht zu leise, nicht schlendern und ja nicht rennen!
Kurzum: die Kirche im Dorf lassen.
Mein abgedrehter Kunstlehrer war das Stadtgespräch
Nummer eins, allein dadurch, dass er selbstbewusst seine
Andersartigkeit zur Schau trug (Blaue Haare! Lackierte
Fingernägel! Und das soll Kunst sein?).

Heute denke ich, dass er gar nicht so andersartig war. Nicht andersartig genug, um von dort fort zu gehen, denn überall sonst wäre er wohl normal gewesen. Der Preis für sein Exotentum war der Spott und manchmal auch die stille Bewunderung. Dort konnte er glänzen, wenn auch in Einsamkeit.

Es hört sich für mich nun sehr fremd an, denn es ist weit weg. Doch es ist nicht erfunden und kaum übertrieben. So ist es dort. Es stört die Leute nicht. Im Gegenteil, sie bleiben dort, weil sie es so wollen. Ihnen ist das lieber als die Verantwortung für ihr Denken und Leben selbst zu übernehmen. Mittlerweile bin ich davon überzeugt: Dahinter steckt Angst. Wer eigenständig denkt und Verantwortung für sich übernimmt, der muss sich eben auch selbst zur Rechenschaft ziehen, wenn er scheitert. Selbstbestimmtes Glück, Selbstverwirklichung – gerne gesehene Bauernopfer! Andere zu verurteilen und verantwortlich zu machen ist da viel komfortabler und kann sogar Spaß machen. Ich klinge zynisch. So mag ich mich nicht. Doch ja, es steckt noch Unverdautes in mir. Ich musste mich da herausstrampeln mit so viel Energie.

Man nannte sie das Polenweibchen. Auch hier übertreibe ich nicht. In einen Spitznamen schaffte man es tatsächlich, all diese Ressentiments zu packen.
Sie war alt und niemand wusste, woher sie kam. Aus Polen vermutlich. Sie hatte keinen Mann und keine Kinder. Sie lief tagein tagaus durchs Dorf und lächelte vor sich hin. Man nannte sie eine harmlose Spinnerin.

Das ist alles, was man von ihr wissen musste.

Ich habe nie gesehen, dass sie mit jemandem gesprochen hat. Sie lief *ihrer* Wege und *lächelte.* Das allein war den Leuten suspekt. Das war der Grund, der sie zur Ausgestoßenen machte. Und vermutlich, dass sie aus Polen kam.

Dieser harmlosen Spinnerin gingen wir Kinder aus dem Weg. So hatten wir es gelernt. Oder wir versuchten, sie zu ärgern und riefen ihr Dinge hinterher. Sie ließ sich nicht ärgern und nicht einmal irritieren. Sie lief nur weiter ihrer Wege und lächelte.

Meine Mutter sagte mir neulich am Telefon: *„Jetzt lass mal die Kirche im Dorf."* Früher hätte ich klein beigegeben und diese Aussage als Argumentation hingenommen. Ich überraschte mich selbst mit meiner Antwort: *„Mama, ich lass dir deine Kirche, an die ich nicht glaube, gerne in deinem Dorf, in dem ich nicht leben möchte."* Und da dachte ich wieder an das Polenweibchen. Die harmlose Spinnerin. Die als verrückt galt, weil sie anders war und weil es ihr vermutlich egal war. Die fremd war, weil sie von wo anders kam und andere Ziele und Wege hatte. Die lächelte. Vor der man Angst hatte, obwohl sie sich nicht ärgern ließ. Harmlos war sie immerhin, die Spinnerin.

Noch heute, wenn sich mein Ich aus den festgewachsenen Wurzeln löst, spüre ich diese tiefsitzende Angst, eine harmlose Spinnerin zu sein.

Schwarz gegen Weiß

Ich sympathisiere mit den Gangstern dieser Welt,
nicht mit den fiesen Schurken, klar!
Aber mit den gewitzten Schlitzohren,
den Gaunern und Ganoven,
mit den Hallodris und Halunken,
den Spitzbuben und Lumpen.
Die, mit ihrem Schalk im Blick...
Ach... Was wär' ich gern Bandit!

Ich fühl' mich auch viel wohler
auf der darken Seite
– so gedanklich...
Ich feiere die Querulanten,
die halt auch mal was riskieren!
Nicht wie die Gesetzpedanten
ständig nur am Kritisieren.
Wenn die andern feiern,
stehen wir daneben, grau und bleiern,
geniert und deplatziert wie Papa auf der Party
vom verwöhnten Söhnchen.
„Spießer! Lappen!", höhnen sie verwegen.
„Sorry", stöhnen wir betreten.

Aber ich mag sie halt so sehr...
Meine Ritter und Helden und Apostel...
Mit ihren geröteten Backen
und den traurigen Augen,
dem getroffenen Blick,
wenn der Hoffnung mal wieder
ein Schnippchen geschlagen wurde...
Kann sie doch nicht verlassen
wie so ausgesetzte Hunde an der Bahnstation...
Die good guys mit den deep vibes...
Könnt' ich echt die Seite wechseln?
Und Ideale so verhökern?
Könnte ich?

Da stehe ich am Straßenrand und wedle unerkannt
mit meinem weißen Fähnchen in der Hand...
Da peitschen sie auf heißen Rädern durch die Nacht!
Ach... Ich beneide sie um ihren Speed.
Bei mir gibt's Himbeer-Tee mit Weed.
Meine Abenteuer sind so jugendfrei
wie Bibi Blocksbergs Konterfei.
Da bleibt mir nur die schwarze Kluft,
um mich als Warrior auszugeben.
Berghain und kinky und so...
Leder und Schminki uns so...
Bisschen was ist schon auch los bei mir...
Vor kurzem träumte ich, ich sei Komplizin,
weil ich mich in Batmans Feind verliebte.

TOD

mondsucht

Geflügelte Schatten
beschreiben den Sand.
Ich such' meine Stücke
wie Muscheln am Strand.

Der Boden, auf dem ich gehe,
hat mir die Füße verbrannt.
Der Weg, in dem ich mir stehe,
ist Unterwasserland.

Ein Windstoß streift den Wald,
mich berührt er nicht.
Die Hitze lässt mich kalt,
der Schnee friert ohne mich.

Da wo einst Regung war, Gefühl,
da ist nun nichts als Matt.
Das alles ist mir viel zu viel,
ich hab' die Sattheit satt.

Kalte Füße,
verbrannte Sohlen,
Schick' Morpheus Grüße:
Er kann mich holen.

Salix babylonica

„*Ich sterbe*", flüstert ängstlich das Blatt.
„*Ich traure*", bedauert die Weide.
Und eh' das Blatt sich versehen hat
bestand seine Zeit nur aus Leide,
denn sein Welken begann schon im Spross.

Zwar tat es am Baum seine Dienstpflicht
im Sinne der Fotosynthese,
genießen konnt' es sein Dasein nicht,
aus Angst, dass es alsbald verwese.
Wie auch aus Sorg' der Baum nicht genoss.

Nun fühlst du, menschlicher Moralist,
Mitleid mit Blatt und mit Baum.
Doch weißt du, dass das nur Gleichnis ist,
denn Weiden leiden wohl kaum.

Elegie vom leeren Beichtstuhl

Schnee schmilzt zum See, wenn er geht und das Lied seiner Klage geht unter.
Klagen nur kann, wer auch ist. Leben ist sterben auf Zeit.

Wir glauben Wundern nicht mehr, sind der Technik und Wissenschaft hörig.
Gibt keinen Gott mehr dort oben, sind nun Herrscher wir selbst.

Tragen die Last auch wir selbst, tragen die Schuld des Despoten und Sklaven.
Bürden die Last auch dem andern auf, Tyrannen voll Furcht.

Siehst du den Vogel hoch oben, wie silbern, wie schön er tanzt? Doch er
tanzt auf den Untergang zu! - Schuld. Trägst die Schuld, trägst sie Du?

Tief in die Erde da bohrt sich ein Stahldolch ins ächzende Herz und
saugt seine Mutter sich tot. Wer, wenn nicht... Wer, wenn nicht Du?

Tanzen ist nur Privileg eines Tieres, denn Menschsein bedeutet
Kampf! Brennend stürzen wir dich, Welt, und uns selbst mit vom Thron.

Tod ist ein Teil dieses Lebens, schon immer gewesen, nur leider
winkt kein Elysium mehr mild uns am Ende des Zauns.

Wir suchen Heil nun im Leben, erstarren beim Anblick jedoch zur
Salzsäule. Schrecklicher Engel. Aus dem Lot ist die Welt.

Oh, in welch Zeiten sind wir da geboren? Es wähnen wir ständig
alles und alles und all das, was da ist, schon verloren.

Wir, die wir all was wir lieben in Untergang haben getrieben.
Wie kann man lieben mit Schuld? Wie kann man lieben sich selbst?

Schnee schmilzt zum See, wenn er geht...

ZUVERSICHT

Testudo

Ich ward gebrochen
Brach mich selbst in Bestandteile so klein
Dass kein Ganzes mehr übrigblieb

Nun stehe ich wieder
Erhebe mich über meine Scherben
Und sammle mir ein hübsches Mosaik

Bilde neue Formen und Farben
Bestaune meine neuen Werte
Und trage sie mit meinem
Schildkrötenpanzer in die Welt

Aurora

Es ist nur das Ticken des Blinkers zu hören. Die Ampel wechselt auf grün. In die Monotonie des Motors mischt sich ihr Schluchzen. Er legt seine Hand auf ihr Bein, tröstend. Dann fährt er rechts ran.

Sie stehen dort eine lange Zeit, sprechen kein Wort.

Ihr Schluchzen wird wieder stärker, findet dann wieder den Rhythmus des normalen Atmens. Stille.

„Wie können die das nur so kalt formulieren?"

Wut. Hilflosigkeit.

„Mit dem Leben nicht vereinbar."

Ihre Hand liegt auf der warmen Rundung ihres Bauches. „Ich spüre es doch leben, wie können die so etwas sagen?"

Er nimmt seine Brille ab, legt sie auf das Armaturenbrett, reibt sich die Augen. Seine Gefasstheit schockiert ihn. Dennoch: Er fühlt sich nicht in der Lage, sie in den Arm zu nehmen. Er schämt sich dafür. Langsam nimmt er seine Hand und führte sie auf ihren Bauch. Es ist fast nicht auszuhalten. Er muss sich dazu zwingen, den Bauch zu berühren, den er noch gestern vor dem Einschlafen geküsst hat aber das ist er ihr schuldig. Sie muss die Wahrheit in sich tragen, sie kann sich nicht davonstehlen. So liegen zwei Hände, seine und ihre, auf einem Bauch, der ein kleines Leben umhüllt, das nicht zum Leben bestimmt sein soll. Dort, wo sich ihr ganzes Glück eingenistet hat, soll nun

Abschied heranwachsen, Schmerz, Ungewissheit, Hilflosigkeit, Einsamkeit?

Bei der ersten Untersuchung war er dabei gewesen. Die kleinen Zeichen in Schwarzweiß, die vielversprechend auf ein Leben hindeuteten, sein Kind zeigten, ihr Kind, hatten in ihm ein Gefühl ausgelöst, das er in dieser Intensität noch nicht gekannt hatte. Sie hatten lange auf diese Bilder gewartet, viele Monate gemeinsam Enttäuschungen hingenommen, mit jedem Mal Sex all ihre Liebe und all ihre Hoffnung gegeben, der Resignation tapfer die Stirn geboten – und dann waren da eines Tages diese zwei roten Streifen, kostbar und zerbrechlich. Richtig glauben konnten sie es erst, als der Arzt ihnen das schlagende Herz zeigte.

Die Scheibenwischer setzen ein. Kleine Perlen tanzen mit dem Wachs auf dem Glas und suchen sich ihre Wege in unvorhersehbaren Verästelungen. Am Ende kommen sie alle unten an und verfließen im Alles und Nichts.

Er hatte sie dafür bewundert wie hoffnungsvoll sie die ersten Schocknachrichten aufnahm. Cool bleiben wollte sie, nicht in Spätgebärenden-Hysterie verfallen. Erst mal abchecken lassen, dann weitersehen. Dass das Baby etwas zu klein war, musste nichts bedeuten. Dass man beim nächsten Ultraschall einen Finger nicht sehen konnte, auch das war kein Urteil. Die Chancen auf Down-Syndrom stünden eins zu zehn, beruhigte sie ihn. Die Flüssigkeit im Kopf konnte, musste aber kein Zeichen sein. Eine Woche später fuhren sie in eine Spezialklinik. Der Arzt in seinem weißen Kittel, den Montblanc-Kugelschreiber in der Brusttasche, machte nur seinen Job, als er ihnen zahlreiche Broschüren über die breite Holzplatte des Tisches schob. Auch die Wolken am Himmel nahmen unbeirrt ihren windgetriebenen Lauf. Alles ging weiter. Doch für sie veränderte sich in diesem Moment ihr Leben. Man sprach plötzlich nicht mehr von Eventualitäten und Chancen, nur noch von Gendefekten, Missbildungen und Lebenserwartungen. Hoffnungsvoll, engstirnig klammerten sie sich gedanklich an die Diagnose Down-Syndrom – unter all den dargestellten Möglichkeiten das kleinstmögliche Unglück.

Abends im Bett strich er ihr über das Haar, suchte mit den Fingerkuppen die Stelle am Nackenansatz, die er so liebt, wo sich ihre kupferblonden Haare feucht und sanft in ihren kleinsten Windungen vereinen. Er zog sie eng an sich und legte seine Lippen auf ihr Ohr: „Ich liebe dich. Ich liebe dich mehr als alles auf der Welt. Ich liebe unser Kind, das du trägst. Ich werde es lieben, bis ans Ende aller Tage."

Sie würden es also bekommen. Es war nicht das Leben, das sie sich vorgestellt hatten, aber es war nun ihr Leben.

Und nun haben sie die Gewissheit. Man hatte sie ins Krankenhaus bestellt, um die Ergebnisse der Fruchtwasser-Untersuchung zu besprechen. Die schlimmste Befürchtung hat sich bestätigt: Trisomie 18. Die durchschnittliche Lebenserwartung bei diesem Gendefekt beträgt fünfzehn Tage. Die meisten Kinder sterben schon im Mutterleib, nur wenige schaffen es über das erste Lebensjahr hinaus. Die Karten haben sich neu gemischt. Es gilt nun nicht mehr nur zu entscheiden, ob man selbst bereit ist, ein behindertes Kind großzuziehen, es gilt auch zu entscheiden, ob man seinem Kind Leiden ersparen möchte. Die Ärztin hatte dringend zur Abtreibung geraten.

Auf ihrem Bauch berühren sich ihre kleinen Finger. Sie begegnen sich zaghaft, finden sich schließlich und winden sich entschlossen ineinander, als gälte es, mit dieser Verbindung einen Kampf gegen die Welt zu führen.

Der Regen hat zugenommen, die Scheibenwischer erzeugen nur noch für den Bruchteil von Sekunden einen klaren Blick und schon taucht das Wasser den grauen Himmel, die grünen Knospen und die marmorierten Blüten in verschwommene Erinnerung.

Er hat das Gefühl, sie könnten so nicht ewig bleiben, er müsse etwas tun, es müsse weitergehen. Langsam und behutsam löst er seinen Finger aus der Verbindung und startet den Motor. Der Wagen bahnt sich seinen Weg über grauen Asphalt durch schäumende Pfützen. In der Garage finden die Scheibenwischer ihre Ruhe.

„Aurora", wird sie später im Bett flüstern, als sie keinen Schlaf finden. Und er wird verstehen, was sie damit meint: Dieses Leben würde seinen Abend nicht finden, aber die Morgenröte konnte ihnen niemand nehmen.

Schwarz ist keine Farbe

Jeder Medaille gebührt es,
dass man sie zumindest einmal umdreht.
Wir brauchen Schlupflöcher für unsere Seele
und Dunkelheit schützt uns gut.
Doch sind wir dem Leben schuldig,
mit jeder Nacht den Morgen zu begrüßen,
Zweifel zuzulassen,
sie mit Zuversicht zu beantworten,
Einsamkeit zu ertragen,
sie aber mit Liebe zu behandeln.
Wenn ich ein Maler wäre,
so mischte ich die Farben doch.
Wenn ich ein Zauberer wäre,
so rührte ich meinen Zaubertrank
doch als Mixtur erlesener Mittel.
Schwarzmaler
ernten Bewunderung,
wenn sie sich überheblich als Realisten bezeichnen
und kassieren ein Lachen für zynische Sprüche,
doch Künstler sind sie für mich nicht
und lange keine Zauberer.

Abrüsten

Für den Frieden

Und so werden wir geboren:
indem ein kleiner Körper, nackt und weich,
schutzlos dem Mutterleib entweicht.
Und mancher wähnt das Kind verloren,
sich einzig der Gefahr bewusst.
In einer Welt von Schmerz, Verlust,
möchte er der Seelen Qualen
dem armen Kind ersparen.
Schändlich mit brennenden Narben bedeckt,
die er unter langen Ärmeln versteckt,
legt er das Kind in schützende Hüllen,
auf dass es nie die Sonne brennt.
Auch wenn es dann nie deren Wärme kennt.
Mit Sicherheit erstickt er das Fühlen
des armen Wichts,
den niemand fragt
ob ihn das Licht
denn wirklich plagt.
Und so wurde auch ich geboren.
Und so habe auch ich mich verloren.
Ich hatte mich von mir abgewandt,
mich eilig im Mauerbau verrannt,
doch langsam habe ich erkannt:
Ich brauch keine Wand!
Ich lebe nicht gerne im Trauergewand!
Letzten Endes habe ich die Wahl:

Fürchte ich mich vor Schmerz und Qual,
beweine ich ein Jammertal
und kämpfe in engem Panzer?
Oder: Stelle ich mich der Furcht entgegen,
nackt und mutig und verwegen,
entscheide ich mich für das Leben
und beginne den Panzer abzulegen?
Löse ich langsam Schicht um Schicht,
die mir Wärme nimmt und Licht,
durch Mut und Erkenntnis ab,
wachse der Sonne entgegen,
über mich selbst hinaus
und wieder in mich hinein?
Hinein in das Leben?
Mutig faucht mein Löwe: Nein!
Ich höre nicht mehr auf das Außen,
ich höre in mich selbst hinein!
Wenn ich nur höre, was das Außen sagt,
hat am Ende niemand *mich* gefragt.
Schmerz gehört zum Leben.
Wer lieben will, muss leiden können
und lieben möchte ich mir gönnen.
Liebe spüren, Liebe geben.
Was unterscheidet den Menschen vom Affen?
Affen kämpfen nicht mit Waffen.
Affen kämpfen nackt und fair.
Das mag ich sehr.
Hätten wir vom Affen mehr,
hätten wir von seinem Mut,

flösse weniger Blut.
Vertrocknen ist nicht der Sinn des Blutes:
eigentlich steht es für Leben und Gutes.
Es gibt nichts Gutes
— außer man tut es.
Ich schäme mich nicht für meine Haut.
Ich werde langsam mit ihr vertraut.
Ich möchte dem Leben vertrauen,
meine Schalen abbauen,
meine Schwächen verdauen,
küssen die Flecken, die blauen,
und am Ende meines Lebens
sagen: Es war nicht vergebens,
denn ich habe nichts aufgebaut,
sondern ich habe abgebaut
und somit mein Ich erbaut.
An andere Ichs geglaubt.
Das war mein Leben.
Ich habe gelacht, ich habe geweint,
ich war mal einsam, ich war mal vereint,
ich habe gestaunt, ich habe getanzt,
ich fühlte mich leer, ich fühlte mich ganz,
ich hab' viel gefragt und vieles erkannt,
ich hab' mich verbrannt, ich hab' mich geheilt,
ich bin mal gerannt, ich bin mal verweilt,
ich habe verletzt, ich habe vergeben,
ich durfte bekommen, ich konnte geben.
Das war *mein* Leben.

LEBEN

* Eins *

„Ich stelle mir vor, wenn ich wiedergeboren werden würde, wäre ich gerne ein Stein im Wasser."

„Ich wäre gerne ein Löwe. In der Savanne chillen. Das wäre nice, den ganzen Tag. Als Stein kannst du doch gar nichts machen."

„Muss ich ja auch nicht."

„Ich meine kein Sex, nicht essen, du kannst dich nicht mal bewegen."

„Muss ich ja auch nicht. Das ist ja das Schöne. Ich mache einfach nichts außer Wahrnehmen. Nichts müssen müssen. Ich wäre mit Moos bewachsen und das Wasser würde es auf meiner Oberfläche streicheln." Ihre Fingerkuppen berühren sanft seine Brust: „So...". Er lächelt.

„Und weißt du, ich wäre in einem flachen, steinigen Fluss, durchdrungen von Sonnenlicht. Stell dir das Lichtspiel im Wasser vor. So...", sie schaut an die Decke und beobachtet den Tanz des Schattens mit dem Licht, „nur noch glitzernder."

„Ja, und durch die verzerrte Oberfläche sieht man die grünen Bäume von unten."

„Und nichts spielt eine Rolle. Es gibt keine Zeit, kein Jung und Alt, kein Anfang und Ende... kein Warm und Kalt, kein Gut und Böse, es gibt nur das – was ist." Sie lächeln. Er drückt sie an sich.

„Wenn du ein Stein wärst, meinst du, deine Existenz würde sich auf einen Stein beschränken oder wärst du alle Steine der Welt in einem?"

„Du meinst ich wäre kein einzelner Stein, sondern die Steinheit im Gesamten?"

„Ja."

„Könnte gut sein. Steine haben so etwas Erhabenes. Es würde gut zu ihnen passen, nicht so selbstbezogen und beschränkt auf ein Individuum zu sein. Einfach nur ein Alles in Allem und alles in einem. Dann wäre ich gleichzeitig der Sand in der Wüste und der Fels auf dem Berg."

„Dann könnte ich Löwe sein und trotzdem bei dir. Ich würde nur noch auf Steinen chillen. – Ich glaube, die anderen Löwen würden denken, ich hab' sie nicht mehr alle."

„Und *ich* würde die gesamte gespeicherte Wärme der Sonne am liebsten an *deinen* Bauch abgeben. Während ich gleichzeitig die Fische über mir vorbeiziehen lasse und Gebirgsluft absorbiere."

„Aber Sex könntest du trotzdem nicht haben."

Er zieht sie auf sich.

Sie lachen.

* Zwei *

„Nicht die Welt macht diese Menschen,
sondern diese Menschen machen die Welt. "
Elfriede Hablé

Gestern morgen trank ich meinen Kaffee und sah dabei aus dem Fenster, als ich diesen alten Mann bemerkte. Er konnte nur mühsam gehen und stützte sich auf seinen Rollator, während er, eine Müllzange in der anderen Hand, unter größter Anstrengung die Straße säuberte.

Müllsammeln in Neukölln ist eine Sisyphusarbeit. Und dennoch verfolgte er diese mit einer beispielhaften Ruhe. Was für eine enorme Kraftanstrengung es für ihn bedeutete, den unachtsam weggeworfenen Müll zu beseitigen. Und nicht nur, dass er der achtlosen Gesellschaft damit einen Dienst und der Natur Wertschätzung erwies, mich freute außerdem der Gedanke, dass sich dieser Mann in seinem hohen Alter eine Beschäftigung suchte, um seinen Tag zu strukturieren. Menschen brauchen Aufgaben. Dieser alte Mann versumpfte nicht in seinem Sessel, sondern er trotzte mit seiner dünnen Jacke und seinen wackligen Gliedmaßen Müßiggang und Verfall und tat dabei etwas Sinnvolles, Gutes und Allgemeinnütziges. Langsam setzte er seinen Weg fort. Zwischendurch machte er auf seinem Rollator eine Pause. Ich überlegte, ob ich ihm einen Kaffee bringen sollte um ihm meine Anerkennung zu zeigen, doch dann fragte ich mich, ob man in seinem hohen Alter besser entkoffeiniertem Kaffee trank – und außerdem war ich im Schlafanzug. So beobachtete ich ihn weiter und freute mich darüber. Die Passanten nahmen keine Notiz von ihm, liefen ungeachtet vorbei, dem nächsten Gedanken oder Ziel folgend. Ich konnte ihnen keinen Vorwurf machen aber ich bedauerte sie in diesem Moment dafür.

Der Mann verschwand schließlich hinter der nächsten Hausmauer und ich verfolgte meinen nächsten Gedanken. Im Verlauf des Tages kam die Erinnerung an diesen Moment immer wieder zurück.

Am nächsten Morgen dasselbe Spiel: Ich blickte mit meiner Kaffeetasse aus dem Fenster. Da war er wieder. Die Pflastersteine hatten sich genug Müll für seine Dienste vorbehalten. Als er sich zur Erholung schwer atmend gegen den Zaun lehnte, bemerkte ich, dass er seinen Rollator gegen eine Sackkarre mit Mülltonne eingetauscht hatte. Er konnte nicht mehr auf seinem Gefährt sitzen aber er konnte mehr Müll sammeln. Mit dem Erweitern seiner Ziele rückten seine körperlichen Beschränkungen in den Hintergrund. Ich verspürte große Bewunderung für ihn. Ich sah an mir herab und betrachtete meinen Schlafanzug. Meine Gedanken kreisten um entkoffeinierten Kaffee. Ein dicker Mann trat aus einer Haustür. Ich rechnete fest damit, dass er wie alle anderen vorüberging, doch ich täuschte mich. Er bemerkte den Alten und seine Anstrengungen: „Kann ich helfen?", und noch während er dies sagte, lief er auf den alten Mann zu, welcher seine Ohren haltend andeutete, dass er nicht verstanden hatte. Der dicke Mann nahm dem alten Mann die Zange aus der Hand und fand ein Papier, das er in die Mülltonne auf der Sackkarre warf. Er erspähte ein zweites und unversehens hatte er sich der Aufgabe vollends verschrieben.

So teilten diese beiden vom Schicksal zusammen-gewürfelten Menschen einen Augenblick, in welchem sie sich demselben Ziel verschrieben. Der alte Mann kam dem dicken mit seinem Rollator entgegen, um ihm die Arbeit zu erleichtern. Als kein Müll mehr zum Sammeln auf den Straßen lag, deutete der dicke Mann in eine Richtung und verschwand agilen Schrittes hinter der nächsten Hausmauer. Der alte Mann machte sich langsam auf den Weg und folgte ihm, bis auch er verschwand. Die Straße war sauber.

* Drei *

Ich wache auf. Nicht langsam. Kein plazentaroter
Übergang. Sondern: Plötzlich bin ich wach. Ich liege in
der Dunkelheit des Raumes und überlege, ob es
möglich ist, dass ich schon ausgeschlafen bin. Ich denke
ein wenig nach und komme zu dem Schluss, dass ich
bereit bin für den Tag. Vorsichtig schiebe ich den
Vorhang einen Spalt auf und sehe mir die Wetterlage
an. Die Sonne scheint.

Meine Augen haben sich an die Helligkeit gewöhnt und
ich öffne den Vorhang ganz. Wie ein Rahmen das
Fenster, wie ein Gemälde die Aussicht. Die drei Birken
tanzen im Wind. Ihre kleinen, agilen Blätter sind das,
was ich an ihnen so liebe: Bewegung, Leben, Energie.
Ich liebe auch ihren hohen Wuchs und die Ästhetik
ihres weißen Stammes und ich liebe die Erinnerung an
meine Kindheit, die ich mit ihnen verknüpfe.

Im Garten stand mittig, in ihrer Bescheidenheit erhaben
und in ihrer Selbstverständlichkeit, wie sie da groß,
einzeln und unbeeindruckt im Zentrum des Gartens
thronte, majestätisch, eine Birke, die mich insoweit
herausforderte, dass ich sie ohne die Hilfe der
angehängten Strickleiter nicht erklimmen konnte. Jahre
später, wenn ich an die Strickleiter denke, danke ich
meinen Großeltern für diese liebevolle erzieherische
Weitsicht, denn die Strickleiter war hoch gehängt und

nicht einfach zu erklimmen. Mir blieben also die Herausforderung und das Gefühl, mein Ziel selbst zu erreichen. Mir wurde genauso viel Unterstützung gegeben, wie ich benötigte und genau so viel zugetraut, wie ich erreichen konnte. Bäume zu erklettern war meine kindliche Leidenschaft und noch heute laufe ich kaum an einer Mauer vorbei, ohne sie zu besteigen: oben zu stehen, dem Himmel ein kleines Stückchen näher zu sein, die Perspektive zu wechseln, verbunden mit dem Gefühl, selbst dafür verantwortlich zu sein. Und wenn ich meinen Großvater beim Spaziergang bat, mich ein kleines Stückchen hochzuheben, weil ich es aus eigenen Stücken nicht schaffte, so höre ich heute noch seine brummig-warme Stimme: „Du kannst auf jeden Baum klettern, auf den du selbst hochkommst".

So liege ich im Bett, betrachte Birken und Himmel und Wolken und Vögel und lasse Erinnerungen an mir vorbeiziehen, Freuden für den anstehenden Tag, Gedanken und Gefühle. Diese allmorgendliche Zeit im Bett genieße ich. Die Vorhänge, das Fenster, die Bäume da draußen: Das alles ist jeden Tag gleich; und doch ist jeden Morgen alles anders: das Licht, die Windstärke, die Begrünung im Wandel der Jahreszeiten, alles. Nie erwache ich mit demselben Gedanken, nie mit derselben Stimmung. Jeder Tag ist neu. Jeder Tag ist anders. Jeder Tag ist ein neues Abenteuer und ich darf ihn erleben.

Jonte

Jonte war schon immer anders, besonders. Wir lernten uns bei einem Bierbraukurs kennen, den ich von meiner Exfreundin geschenkt bekommen hatte. Er wurde von seiner Mutter geschickt. Wir fühlten uns gleichermaßen fehl am Platz und kamen ins Gespräch. Wir beschlossen, den verdutzten Kursleiter und die glanzgesichtigen Teilnehmer zurückzulassen und gemeinsam auf ein Bier zu gehen. Eine Entscheidung, die für mich wegweisend war. Die Geschichte, die ich hier schreibe, um sie für mich selbst zu verarbeiten und für andere offene Geister zugänglich zu machen, hat mein Leben auf eine kostbare, besondere Art und Weise geprägt. Ich bin unheimlich dankbar dafür. Meine Freundin wollte wissen, wie mir der Kurs gefallen hatte. Wunderbar, behauptete ich. Jonte sagte seiner Mutter, dass er das gutgemeinte Geschenk zugunsten einer bereichernden Bekanntschaft nicht zu Ende führen konnte.

So war Jonte.

„Weißt du noch worüber wir damals in diesem portugiesischen Restaurant in Toulouse gesprochen haben, der Nachruf auf den jungen Kerl, Moritz?", fragte er mich an einem Abend auf meinem Balkon, jenem Abend, der mein Leben für lange Zeit aus den Fugen geraten ließ, um es danach zu neuer, noch ganzerer Schönheit zusammenzusetzen. Ich wusste nicht auf was er anspielte.

„Er war neunzehn, als er von seiner Krebserkrankung erfuhr und wusste, dass er sterben würde."

Nun erinnerte ich mich. Jonte hatte mir den Artikel gezeigt und ich weiß noch, dass ich tief berührt war. Ein Freund dieses jungen Mannes, der das Leben so früh verlassen sollte, hatte einen Nachruf geschrieben, der voller wärmender Menschlichkeit war. Moritz sei immer ein Optimist gewesen, einer, der sein Leben als kostbares Geschenk mit gleichsam unschuldiger und dennoch ebenso weiser Gesinnung wie ein hundert-jähriger tibetanischer Mönch ansah und gestaltete. Einer, dessen Lebensfreude andere einlud, daran teilzuhaben. Einer, der im Angesicht seines eigenen Endes keine Bitterkeit aufkommen ließ, sondern tapfer dankbaren Abschied nahm. Einer, der immer anders gewesen sei, seinen eigenen Willen hatte, seine eigenen Ideale, seine eigenen Vorstellungen, und diese so selbstsicher und natürlich lebte, dass er damit niemanden befremdete, sondern die Leute zu ihm aufsahen. Ein Voranbringer, einer mit Ideen, einer mit Visionen, einer mit dem stoischen Willen, die Dinge nicht zum Besseren zu wenden, sondern das Beste in den Dingen zu beleuchten und aus ihnen heraus-zuholen. Und so war er als Sieger aus diesem Leben geschieden. Unter dem Nachruf eine Sintflut an bedauernden Mitleidsbekundungen der Social-Media-Gemeinschaft.

„Die Menschen haben nicht verstanden", sagte Jonte, als ich ihm das Handy zurückgab. Darauf schwiegen wir eine Runde. Wenn wir schwiegen, wussten wir, dass wir uns verstanden. Vielmehr als wenn Worte eine tiefergehende Übereinkunft abstrakt herzuleiten versuchten. Hätten die Leute mehr von Moritz` Weltverständnis, von diesem unerschütterlichen, erhabenen Optimismus, hätten sie begriffen, dass es hier nicht um den Abschied von einer besonderen, wertvollen Person ging, sondern dass dies ein Loblied auf seine gewesene Anwesenheit war. Eine Ode an die Freude. Es ging nicht um verwirkte Chancen eines zu kurzen Lebens, es ging um das Sein und Wirken eines neunzehnjährigen Lebens, das in seiner Dauer einen kleineren Kreis zog als viele andere, in seiner Vollständigkeit und Rundheit aber von magischer Vollkommenheit war. Es ging nicht um ein ungelebtes Leben, es ging um ein gelebtes. Moritz hatte gelebt.

„Ja, ich erinnere mich", gab ich Jonte zur Antwort. Schweigen. Seine Augen wanderten über die in Gold getauchten Weinreben und Flächen unter der untergehenden Sonne.

„Ich werde sterben", sagte er.

Als hätte man mir mit einem Mal die Luft abgeschnürt. Eine panische Reaktion meiner Eingeweide. Eine hilflose Schutzsuche in Ungläubigkeit. Eine Klaviatur von

Gefühlen durchlebt in einem Moment von Sekunden. Dann erinnerte ich mich Jontes Anwesenheit und begriff die Tragweite seiner Worte. Ihm zuliebe schob ich meine verwirrten Gedanken zur Seite und konzentrierte mich auf das Wesentliche. Jonte. Moritz. Die Jonte-Moritz-Verbindung. Wir umarmten uns weinend und er drückte tröstend meine Schulter als wäre ich derjenige, den es zu beruhigen galt. So war Jonte.

Er ließ mir ein paar Tage Zeit, um mit der Nachricht umzugehen, bevor er mich anrief, um mir die sonderbarste Einladung zu einer Feier zu machen, die ich mir vorstellen konnte.

„Es soll ein Fest werden mit allen, mit denen ich mein Leben teilen durfte. Ich möchte nicht, dass ihr an meinem Grab Abschied nehmt. Ich möchte keinen Abschied. Ich glaube nicht an Anfang und Ende. Ich glaube, das Leben ist kein halber Wimpernschlag im Großen und Ganzen, es ist einfach ein kleiner Ausschnitt aus einem großen Bild, der nicht von Endlichkeit, sondern vom Blickwinkel bestimmt wird. Ich möchte mit euch weitersein. Und ich wünsche mir auch euch zuliebe, dass ihr das versteht, dass ihr das versucht, dass euch das gelingt".

Wir schwiegen.

Wenn mich jemand fragt, was das alles zu bedeuten hat, dieses Leben, dann erzähle ich von seinem Fest. Er hatte alles schlicht gehalten, im Garten seiner Eltern einen Pavillon aufgestellt, in den Bäumen hingen Lampions. Seine Mutter hatte ihm seinen Lieblingskuchen gebacken, Apfelkuchen, und dazu gab es den dünnen Kaffee, für den sie bekannt war. Wir saßen und tranken und erzählten uns Geschichten von Momenten mit Jonte. Oft weinten wir. Viel lachten wir. Sein Vater zeigte uns den Pflaumenbaum, den er bei Jontes Geburt gepflanzt hatte. Er war großgewachsen und stand in Blüte. So war Jonte.

Ich glaube nicht, dass Jonte sein Geschenk an uns mit allen teilen konnte. Ich sah eine gebrochene Seele im Gesicht seiner Mutter. Ich sah seinen Vater, dessen ganzer Körper unaufhörlich zitterte, während er sich mit emsiger Gastfreundschaft zwang, über sein tieftrauriges Inneres ein Feiergesicht zu legen. Seine Schwester blieb fern. Sie schaffe das nicht, sagte sie. Manche bleiben fern. Die meisten kamen. Und einige verstanden. Wer Jontes Grab besucht, sieht die Früchte seiner Botschaft, seines Erbes an uns. Es wächst ein neuer Pflaumenbaum, ein Windrad quietscht lebendig im Takt der vergnüglichen Endlosigkeit des Windes. Dem Auge zeigt sich ein buntes Meer aus Blüten, egal zu welcher Jahreszeit. Die Feier war das letzte Mal, dass ich Jonte lebend sah. Wir alle. Er hätte über Suizid nachgedacht, meinte er, als er mich zu seiner Feier einlud. Er wollte sich das Leiden ersparen. Aber dann hätte er begriffen, dass auch dieses ein Teil seines Lebens sein sollte. Er wollte sein Leben dem natürlichen Lauf überlassen. Er machte kein Geheimnis aus der Angst, die ihn in manchen Momenten aufsuchte, aus der Panik, wenn er nachts im Bett schweißgebadet aufschreckte und heulend seine bebenden Beine umklammerte wie ein furchtsames Kind. Er spielte nicht den Starken, der er dadurch war. Er brauche die Zeit vor seinem Tod für sich, um Abschied zu nehmen und Frieden zu finden. Er fand ihn. Er selbst informierte die Behörden über seinen Tod ehe er starb, damit er anderen einen schlimmen Anblick ersparen konnte. Als die Polizei eintraf fand sie ihn tot in seinem Bett – mit einem Lächeln im Gesicht. So war Jonte.

Am Tag der Beerdigung sah man nicht in die trauernden Gesichter einer fremden, schwarzge- kleideten Masse. Man blickte in die Augen von Freunden und teilte diesen Moment mit all seinen verschiedenen Facetten. Es gab kein Richtig und kein Falsch, keine trostlose Etikette, es gab nur ein Hier und ein Jetzt und einen Raum für alles, was dies prägte.
Manche leben ihr Leben wie einen hundertjährigen Schlaf und erwachen erst im Moment, in dem sie sein Ende erspüren. Nicht Jonte. Er lebte sein Leben wach. Jetzt schläft er.
So ist Jonte.

FREIHEIT

Für die Katz

„Ich will fliegen", sprach der Vogel „raus in die Welt.
Frei sein von allem, was mich am Boden hält.
Ich will jung sein", sprach er und flog
und warf sich hinein in des Himmels Sog.

Als er sich niederließ zu kurzer Rast,
saß eine Katze auf demselben Ast.
„Vogel, ich sah dich im Himmel kreisen,
frei sahst du aus auf deinen Reisen.

Und während ich hier saß, merkte ich bang,
dass eine Katze nie frei sein kann."
So sprach sie und stürzte in die Tiefe hinab,
bevorzugte der Unfreiheit ihr eigenes Grab.

„Katze, du armes, gebeintes Wesen,
wie sinnlos ist dein Tod gewesen.
Du dachtest, dass Freiheit schwerelos sei,
doch tatsächlich macht der Widerstand frei.

Glück ist nicht, wenn ich im Wind nur wiege,
Glück ist es, wenn ich selber fliege.
Frei bin ich einzig alleine dann,
wenn ich die Kraft in meinen Flügeln spüren kann.
Und wenn eine Böe den Flug mir erschwert,
so weiß ich: Mein eigener Weg ist das hundertmal wert."

sun is shining
weather is blue
lungs are breathing
but it doesn't feel true

smile seems tired
dreams seem faded
brain seems wired
eyes seem shaded

sharpened my questions
loaded my doubts
hunted my lessons
swallowed my shouts

freedom is only
a mental state
freedom is lonely
and lightness weight

An die, die ich zurückließ

„Ich nehme an, zu jeder tiefgreifenden Veränderung im
Leben gehört, dass man zu jemandem
Ich kenne dich nicht sagt."
Philip Roth – Der menschliche Makel

Und verändern, das musste ich mich...

Lange habe ich mich gefragt, ob es der Extreme bedarf,
der stoischen, entschlossenen Hinwendung zu einem Ziel,
das seinen Schatten im Dunkeln lässt. Und wie immer bin
ich zu derselben Antwort gekommen: Es gibt keine
Wahrheit, kein Richtig und Falsch.

Ich aber, als das Wesen, das ich dank deiner und dank
meiner und dank all meiner Berührungen mit dem Leben
bin, *ich* für *mich* brauche das. Ich muss meinen Fokus
immer neu setzen, meine Ziele immer neu wählen. Denn
so bin ich beschaffen, so will ich sein. Ich liebe sie nicht,
die geraden Linien, ich liebe den Schwung: das
Beschwingte, das in-Bewegung-*Sein*, das Wo-hin-wollen,
das Wo-hin-stürmen. Ich liebe den Schmerz wie das
Glück und ich finde Schmerz im Glück und Glück im
Schmerz wie immer ich will. Ich lasse mich leiten im
Leben: von meinen Fehlern, von meinen Stärken, die
beide stets beides sind, von meinen Träumen und
Wünschen, meinen Erwartungen an mich selbst, die ich
versuche, zu identifizieren. Und ich leite mich selbst durch
den ständigen Rückbezug auf mich in dieser Welt.

Es mutet dir merkwürdig an, dass ich *muss* und *brauche*. Das lässt du mich immer wieder wissen. Das stößt auf dein Unverständnis. Und dieses auf meines. Natürlich *muss* ich, natürlich *brauche* ich, natürlich *will* ich, natürlich *will ich nicht*, denn ich bin lebendig. Und wer, wenn nicht am besten man selbst, wüsste, was man muss und braucht oder will und nicht will? Jeder findet seine Wahrheit nur in sich. Und wenn er nicht handelt, wie es für ihn richtig ist, verletzt er seine höchsten Pflichten. Kann ein anderer es jemals wissen als für sich selbst? Mach nicht deinen Weg zu meinem. Urteile nicht über mich, denn Urteile sind ungerecht.

Was ist also das Ziel dieses Nicht-Kennens eines anderen im Sinne der Veränderung? Was ist das Ziel jeder einseitig beleuchteten Wahrheit? Ist es nicht, *sich selbst* zu erkennen? Und ist es nicht das, was das Leben bedeutet?

Wenn ich ein Vogel wäre, ich wäre vermutlich ein Adler. Und du? Wärst du ein Vogel? Und wenn ja, wärst du ein Adler? Und wenn ja, wärst du nicht ein anderer Adler als ich? Aber ein Vogel bin ich nicht, nur wesensgleich in manchem. Und ist nicht die Artenvielfalt, die Vielfalt allgemein das Schönste, was uns in diesem Leben zuteilwird?

Steckt in deinem Unverständnis für meine Bedürfnisse die Angst vor dem Loslassen? Kannst du nicht anerkennen, dass ich Bedürfnisse habe, weil du weißt, dass meine eigenen nicht die deinen sind und weil du spürst, was du nicht spüren willst, dass ich ein anderer Mensch bin und nicht deiner? In deiner Umarmung fühle ich mich unerkannt und gefangen, denn du hältst nicht *mich* fest, sondern das Bildnis von mir, das du geschaffen hast. In deiner Umarmung, der ich mich so schwer nur entwinden kann, steckt für mich immer dieses Gefühl: *Ich will dich nicht gehen lassen.* Aber: Ich muss gehen, weg von dir, um mich ohne deine Arme in mir selbst zu erkennen.

Ich finde den Bezug nicht zu dir. Ich finde ihn ängstlich und lästig in abgelegten Idealen, die nicht *meine* waren. Ich finde mich im Dich-unkenntlich-machen, in der ständigen Verabschiedung von dir, unter der du leidest, wir beide. Ich löse mich vom Bezug, im Sinne der Veränderung, im Sinne des Wachstums. Es könnte schmerzfreier sein, wenn mein Lösen ein Loslassen wäre, anstelle eines Losreißens.

Wenn ich ein Vogel wäre, ich würde sausen durch die Luft, an keinem Ort eine Heimat finden aber an jedem Ort ein Zuhause. Lass mich fliegen! Nur dann kann ich mich ohne Angst und Sorge meinem Luftstrom hingeben, in jedem Zuhause wissen, dass es für mich Heimat gibt. Dann kann ich Sonne auf den Schatten fallen lassen, der die Welt so dunkel macht, und mit dieser Wärme wären wir beide gewärmt. Je mehr du mich hältst, desto stärker wird mein Flug zur Flucht. Ich möchte nicht fliehen, nur ziehen.

Nora

Eine alltägliche Geschichte

Es läuft ein Mann[1] mit seinem Hund[2] über die Straße[3]. Im Gebüsch[4] zwitschern die Vögel[5]. Er geht um die Ecke[6], wirft Geld[7] in einen Hut[8] und hat sein Ziel[9] fast erreicht. Gleich schließt er seine Wohnung[10] auf.

---

[1] so steht es in seiner Geburtsurkunde und so bemüht er sich zu sein

[2] Hunde sind wilde Tiere, die der Mensch vor langer Zeit domestiziert hat, weil er die Freiheit nicht ertragen kann und sich daher andere untertan macht. Der Mensch nennt sich Herrchen und hält sich an die Leinenpflicht. Auch die Hundesteuer zu begleichen, vergisst er nicht.

[3] Straßen sind Festungen, die für Maschinen gebaut wurden. Die Natur wird begradigt und plattgewalzt, dann wird sie mit einer einheitlichen harten Masse bedeckt und an den Rändern lässt man etwas Platz für die, die kein Auto haben.

[4] Gebüsche sind Naturreste zwischen Straßen, deren Zweck die Verrichtung der Notdurft oder das Entsorgen von Unrat ist.

[5] Vögel sind Tiere, die sich fliegend fortbewegen. Das kommt ihnen zugute, denn wenn der Mensch sie erwischt, erschießt er sie mit Schrot, stutzt ihnen die Flügel oder sperrt sie lebenslänglich in einen Käfig.

[6] Ecken gibt es besonders in Städten viele. Ecken und Kanten korrelieren mit kapitalistischen Strukturen: je höher die Wirtschaftskraft, desto glatter die Fassaden und desto besser sind sie mit Alarmanlagen gesichert.

[7] Geld wurde erfunden, damit wenige mehr haben und die meisten weniger. Man kann mit Geld fast alles erwerben, außer das Wichtige.

[8] Hüte sind rituelle Kopfbedeckungen, die früher zum Sonnenschutz oder zum Wärmespenden getragen wurden, dann aber zu Statussymbolen umgewandelt wurden. Unter Hüten kann man Köpfe gut verstecken, denn Menschen werden nicht gerne gesehen und erkannt. Daher tragen auch Spione Hüte. Den Hut zu ziehen bedeutet Respekt zu bekunden. Sobald ein Hut am Boden liegt, ist es mit dem Respekt vorbei. Man fühlt sich edel, wenn man den Besitzer, der ebenfalls am Boden ist, mit einem kleinen Obolus abspeist. Geld gibt sich leichter als ein Wort, denn man kann es beliebig wegwerfen, Worte muss man wählen und sie bedürfen einer Auseinandersetzung.

[9] Ziele sind für Menschen eine willkommene Ausflucht, um keine eigenen Wege zu gehen. Man kann von Ziel zu Ziel hasten mit der Absicht anzukommen, jedoch zulasten des Daseins.

[10] Wohnungen sind Schutzvorrichtung vor der Natur für Menschen, äquivalent zu Ställen für Tiere. Menschen schließen ihre Türen ab, damit keiner ihr rechtlich erworbenes Eigentum betreten kann. Wohnraum kann erworben werden, wenn man die finanziellen Mittel dazu hat, denn der Mensch kartographiert die Welt in Länder und Grenzen und Regierungen und Besitz. Dann wundert er sich, wenn er sich auf seiner Couch alleine fühlt.

Der Mittelweg

Ich habe mich verlaufen.
Finde meinen Weg nicht mehr.
Weiß nicht mehr, woher
ich komme und wohin
ich unterwegs bin.

Was ich suche, weiß ich nicht.
Was ich finde, erkenne ich nicht.
Und dann trenne ich mich
von dir.
Aber eigentlich
begegne ich nur endlich wieder mir.

Denn der Weg, auf dem wir gingen,
war am Ende
weder der deine noch der meine.
Er war ein Mittelweg.
Fremdes Gelände.
Und letzten Endes gingen wir ihn doch alleine.
Jetzt ist es zu spät.

Wir gingen zusammen in entfernten Reihen
und hingen zusammen in getrennten Seilen,
wollten alles teilen, und gemeinsam verweilen
und begannen, voneinander fortzueilen.

Die Liebe war doch groß genug gewesen,
dass sie Wälle durchbrach.
Der Wille war doch so stark und zäh gewesen,
dass er jede Welle brach.
Jeden Stein des Widerstands,
der sich uns in den Weg stellte,
zermalmten wir zu Sand.

Und als der Sand in den Augen brannte,
weinten wir ihn nicht mit Tränen hinaus,
wir schlossen nur einfach die Augen.
Jetzt steh ich hier und kann es nicht glauben.

Wir wollten auf einem Wege gehen
– so sehr.
Und sahen nur uns selbst im Wege stehen
– immer mehr.
Und weil wir den einen gemeinsamen Weg anvisierten,
waren es dann am Ende wir selbst, die wir eliminierten.

Jetzt steh ich hier neben einem Unbekannten
und will nicht begreifen,
dass das Wir, zu dem wir die Ichs und die Dus
umbenannten,
uns beide nicht mehr erreicht.
Dass das Du und das Ich uns beiden nicht mehr gleicht.

Fremd ist es geworden auf unserem Schiff.
Es treibt führerlos und unbemannt
und versinkt unerkannt im Treibsand.

Ich frage mich, wo wir uns verloren haben?
Ab wann wir uns selbst betrogen haben?
Wann fing es an, verlogen zu sein?
Wann war es kein Leuchten mehr, sondern Schein?
Ich weiß nicht mehr.
Ich weiß nicht mehr, woher
ich komme und wohin
ich unterwegs bin.

Jetzt sind wir wieder getrennte Einheiten, du und ich.
Und langsam erahne ich wieder mich.
Ich bin bei uns ausgezogen, habe mich neu eingerichtet.
Habe die Erinnerungen weitestgehend vernichtet.
Und verjage dein Gespenst in jeder Nacht.

Und auch wenn ich noch auf wackligen Beinen gehe
und auch wenn ich noch durch trübe Augen sehe,
beginne ich zu erahnen,
wo mein Ich
begraben
liegt.
Und ich beginne langsam Schicht für Schicht
abzutragen.

Doch noch immer frage ich mich, wo wir uns verloren
haben,
ab wann wir uns selbst betrogen haben?
Ab wann es anfing, verlogen zu sein?
Ab wann war es nur noch Schein?

Und je mehr ich zurückgelange auf meinen Pfad,
weiß ich, wo der Fehler lag.
Der Fehler lag im Mittelweg.
Denn er war weder deiner noch meiner,
fremdes Gelände
und unserer beider Ende.
Jetzt ist es zu spät.

Aber früh genug für eine Lehre,
die ich mitnehme in meine Leere.
Ich werde nie wieder meinen Weg verlassen,
um zu einem anderen zu passen.

Entweder wir laufen parallel
und gleich schnell
und wachsen unter demselben Licht,
erhellen uns mit unserer Sicht,
erweitern uns in unseren Wesen,
weil wir die Dinge ähnlich lesen.

Oder wir lassen es besser sein.
Und gehen allein.

LIEBE

Treueschwur

Amor fati, mein Geliebter, Teuerster, ich gestehe dir:

Ich habe mich entschieden zu entscheiden.
Ich habe mich entschieden zu wollen.
Ich habe mich entschieden zu werden.
Ich habe mich entschieden zu sein.

Ich habe mich entschieden zu lassen und zu fassen.
Ich habe mich entschieden zu zerstören und zu schaffen.
Ich habe mich entschieden zu sterben und zu leben.
Ich habe mich entschieden, Licht und Dunkelheit als
    eines zu lieben.
Denn ich habe mich entschieden zu lieben.

Auch wenn mein *Leben* nicht nach Ewigkeit strebt:
An die Ewigkeit glaube ich.
Auch wenn meine Liebe sich nicht binden möchte:
An *dich* kette ich mich.

Ewig Dein

blumenvondir

In meinen Händen: der Strauß mit den kurzen Stielen
Ich: ernsthaft darauf bedacht, dass er nicht zerfällt,
suche eine Vase, welche die nahezu vertrockneten
Blumen von gestern zusammenhält
Suche: die richtige Vase zwischen den vielen,
ihn zu bewahren, wie er ist und wie er kann,
damit die Blüten nicht untergingen oder zerfielen
–

und fiebrig suchend erkenne ich dann,
dass du mich schon vergessen hast und neue Samen pflanzt,
in Erde, die nährreicher ist, als mein suchendes Ich
es scheinbar sein kann

Flüchte dich nicht

Du sagst, du musst gehen.
Ich frage: Wozu?
Du liebst mich nicht, sagst du
und Gefühle gehörten eben dazu.
Doch ich kann deine Liebe sehen.
Es muss einen anderen Grund geben, zu gehen.

Du sagst im selben Atemzug,
du liebst mich und du liebst mich nicht.
Ich glaube deinen Worten nicht.
Denn deine Tränen lügen nicht.
Du erliegst einem Trug.
Ich weiß genug.

Du ängstigst dich, das sehe ich.
Nicht vor der Liebe, doch vor mir.
Vor dem dir in mir.
Vor dir.
Belüge uns doch nicht.
Begrabe uns doch nicht.

Du bist zerrissen
und leidest wie ein Tier.
Es kämpft Herz gegen Kopf in dir.
Und dein Herz will zu mir.
Doch dein Kopf muss es besser wissen,
du opferst uns für dein Gewissen.

Du sagst, ich sei Flucht vor der Realität,
ich könne dir keine Perspektive geben,
du bräuchtest Planung in deinem Leben,
möchtest in andere Richtungen streben.
Ich frag' mich, ob dein Kopf dir richtig rät,
ob er dir nicht das Herz verdreht.

Du kämpfst dich bang am Zwang entlang.
Du sagst *ich muss, es ruft die Pflicht!*
Das *Wollen* in dir sehe ich nicht.
An deine Pflichten glaub ich nicht.
Richte die heilige Pflicht
doch bitte einfach gegen dich.
Bevor dein Staunen und dein Lachen bricht.

Dann lasse ich dich gerne ziehen.
Ich lasse dich nur nicht gerne fliehen.

Einfach lassen

Wenn mein Wunsch nach Flug
schwerelos wird
in uns
in uns
greifbar wird
was gehalten sein heißt
aus zweien alles wird
und alles zu einem
ist das Liebe

Wenn mein Flug
schwer wird
mit dir
mit dir
haltlos wird
was mich erdet
aus Einigkeit Zwist wird
und so viel dazwischen
ist das Schmerz

Wenn ich mich dann
abwende von dir
und zuwende zu mir
ist das Abschied
Wenn ich mich dann
nicht losreiße von dir
sondern sorgsam löse
von dir, ist das Liebe:
zuwenden – auflösen – abwenden – lösen

Oder: zulassen – auflassen – ablassen – loslassen
Oder einfach: lassen

sich ver-lieben

Was bedeutet das?
Ist das wie sich zu ver-rechnen
oder sich zu ver-leugnen
oder sich zu ver-letzen
oder sich zu ver-nichten?

Im Englischen heißt es:
to fall in love
Also:
in die Liebe fallen oder stürzen

Wieso will man denn freiwillig fallen,
wenn Liebe doch heben kann?
Wieso will man denn ein ver-,
wenn man schlicht lieben kann?

Love... what is love...

it needs to be written new every time

on scribbled paper

in the lines in between

and above it all

KUNST

Kreation

Lass mich mal eben kurz alles zerfetzen!

Ich möchte es gerne neu zusammensetzen,

um in jedem Teil die Bedeutung zu erfragen,

und neue Bezüge zu wagen,

und somit demselben Stück Leben,

eine neue Gestalt zu geben.

Im Museum

Massenweise
hasten blinde Schritte
über synthetische Läufer
-

flüchtige Scanblicke
taxieren Gemälde,
Stoffe, Möbel, Gegenstände,
für deren Besichtigung
man bar bezahlte
und lange Schlange stand
-

trockene, zuckende Augen
observieren beliebige Exponate,
als hätte man ein Recht darauf,
sie möglichst hautnah zu erleben
-

reizende Reize, stilvolle Stimuli
Netzhaut, Hippocampus,
gegängelte Ganglien
schon im Arbeitsspeicher
als Löschmaterial erkannt
-

der Zugang ist verwehrt
es findet sich kein Archiv
bezuglose Bestände
Kulturkonsum
-

Kordeln trennen das Wertvolle
vom Massenzugänglichen
als hätte wenigstens ein Kurator
noch ein Gespür dafür,
was dem Alten den Wert verleiht,
den das Neue vermisst.

Poesie

Schatulle bist du und Schatz
ortsloser heimischer Platz
Bis ins Mark deine schwere
unberührbare Sphäre

Flüssigfestes Gas
sichtbarer Hauch auf Glas
Entkleidest dich vor der Zeit
und konservierst Ewigkeit

Als Reliquie flüchtigen Seins
webst du aus Ich und Du eins
Prisma der Wahrhaftigkeit
kosmische Ehrlichkeit

Kommst leichtigkeitsschwer daher
Deine Berührung ist so viel mehr
als Wunde und Salbe in einem
Außer dir gelingt es keinem

meine fieberkranken Gedanken
zur Essenz: zum Gefühl zu erheben
Ich kann es dir nicht anders danken
als dich ganz und gar zu leben

ZUSAMMEN-HÄNGE

Beleidigte Leberwurst

Mein Onkel hat sich im Laufe der Zeit immer mehr zur beleidigten Leberwurst entwickelt. Ein sympathischer Dickkopf war er schon immer, nur dass seine Sympathie letzten Endes vom dicken Kopf verschlungen wurde. Er war immer heiter-zynisch, nur das Heitere blieb auf der Strecke. So zerlegte er das feinmaschig gestrickte Familienpsychogramm in gnadenloser Ichsucht zu seinem eigenen (und aller Beteiligten) Nachteil in mikroskopische Bestandteile und interpretierte seine Schicksalsschläge mit großer Leidenschaft zu seinen Ungunsten. Wie etwa fünfzig Prozent unserer Familienmitglieder das tun. Versehen mit etwas Schuldzuweisung und Tatsachenverdrehung. Resultat sind Empörung und beleidigte Verbitterung.

Die andere Hälfte der Sippe legt das gegenteilige Verhalten an den Tag: blinden Optimismus. So wird die Wirklichkeit ebenso feinchirurgisch zerlegt, aber eben nur im Farbspektrum der Rosatöne und zu den eigenen Gunsten, statt zum eigenen Nachteil, ausgelegt. Das reicht von nahezu krankhafter Harmoniesucht über entrückte Naivität oder, wie in meinem Fall, zu trotziger Weltliebe. Ich will nicht sagen, dass das die sinnvollere Herangehensweise ist, aber mir ist sie lieber. Dass die Rosatöne aus der Sicht der Schwarzmaler ekelhaft kitschig und völlig verlogen anmuten, kann ich mir gut vorstellen. Mich ödet ihr Grau an.

Auf was ich aber hinausmöchte, ist eine kleine Anekdote, die die Entwicklung meines Onkels schon in frühen Kindertagen andeutete und deren Vielschichtigkeit mir erst in letzter Zeit bewusstwurde (als ich die rosa Brille mal ein paar Tage verlegt hatte). Ich verweise meinem Onkel (und allen Beteiligten) zuliebe auf die reine Fiktionalität der Erzählung, bevor ich diesen ach so heiteren Familienschwank zum Besten gebe. Es war also so, dass mein damals siebenjähriger Onkel, der immer als klassischer Lausbub beschrieben wurde, blitzgescheit und rebellisch, mit eigenem Kopf und exzentrischem Verhalten, eines Tages, als wieder das wöchentliche Wurstpaket der Oma gesendet wurde, sich heimlich seinen Favoriten, die Leberwurst, aus dem Korb „stibitzte" und sie an ein sicheres Versteck brachte, und zwar in den Keller unter die Treppe. Dort hat man ihn dann zwei Wochen später mit einer Lebensmittelvergiftung entdeckt. Haha, allgemeines Gelächter am Familientisch. Das wurde natürlich dort immer sehr viel detaillierter und mit ein paar mehr humoristischen Elementen beschrieben und fünfzig Prozent lachte darüber (so laut, dass sie nicht bemerkten, dass die andere Hälfte nicht lachte), interpretierte die Geschichte unter Ausschluss ihrer immanenten Tragik ins Komische um und kam nicht umhin, sie mit verblendeter Grausamkeit bei jedem Familientreffen erneut zum Besten zu geben. Ich kann schon verstehen, warum die anderen fünfzig Prozent so etwas als traumatisierend erlebten.

Nun, da ich die rosafarbene Brille also zwangsläufig abgesetzt hatte und mir das breite Farbspektrum wie eine psychedelische Erscheinung ins Gesicht lachte, hatte die Geschichte zugegebenermaßen etwas an Komik eingebüßt und ich betrachtete sie plötzlich als multidimensionales Drama, das ich im Folgenden untersuche.

Wenn man auf der Mikroebene das individuelle Drama betrachtet, dann litt der Junge, Sohn einer Kriegsgeneration, als einziger Bruder unter vielen Schwestern auch durch das Abtragen ihrer Mädchenklamotten an den sparsamen Zügen seiner Eltern. So kann man sich also gut vorstellen, dass, verursacht durch die katastrophalen Kochküste der Mutter des Jungen in Verbindung mit dem alltäglichen Sparwillen, Delikatessen im Haus eine Rarität waren. Euphemistisch ausgedrückt. Und schwarz auf weiß: dass der Junge wohl auch nach dem Essen oftmals noch Hunger verspürt haben könnte. Der Diebstahl der Leberwurst war also aus persönlicher Not heraus entsprungen und würde selbst im juristischen Sinne als Mundraub strafmildernd ausgelegt werden. Nun muss der Genuss der Leberwurst sogar einen so großen Stellenwert bei dem Kind gehabt haben, dass es nicht, wie Kinder und Erwachsene das oftmals tun, alles auf einmal verschlungen hätte, nein, dass es diese unter größter Willensanstrengung rationiert hatte, und zwar über zwei Wochen hinweg. Und: Die Aneignung und der unlautere Besitz der Leberwurst waren in einer strengmoralischen, überzogen christlichen und intellektuell überbetonten Familie ein dunkles Geheimnis, quasi ein Akt der Rebellion, und eine essentielle Krise innerhalb der Entwicklung, die nicht etwa feinfühlig behandelt wurde und konstruktiv in seine Entwicklung eingewoben, sondern in Hohn und Spott, einer Lebensmittelvergiftung und entwürdigend vollgekotzt im Keller aufgefunden endete.

Allgemeiner, auf der Mesoebene besehen, handelt es sich neben dem individuellen Drama um ein familiäres. Begünstigt durch dieses Ereignis und entsprungen aus den ereignisbegünstigenden Faktoren und Strukturen (Nachkriegsgeneration, Traumatisierung und Kom-munikationsversagen vonseiten der Eltern, der Grup-pendynamik im Vielkinderhaushalt etc.) hat sich die Familie im Laufe der Zeit komplett entfremdet und der wohlgehütete gemeinsame Nenner sich zum kleinsten gemeinsamen Vielfachen entwickelt: nämlich nix. Euphemistisch betrachtet. Schwarz auf weiß: Die Familie ist zerrüttet und jeder leckt seine Wunden auf seine Art. Die Dramen, die über die Jahrzehnte geschrieben wurden und nach und nach zum Vorschein kamen, haben das dynamische System verlassen und jeder der Beteiligten kratzt im stillen Kämmerchen an seinen Narben rum.

Auf der Metaebene auf die Gesellschaft übertragen, sprich, das menschliche Drama beleuchtend, bedauert der philanthropische Blick die Tatsache, dass jede Generation ihre eigenen Traumata mit sich herumzuschleppen hat und blickt nachsichtig auf die sparsamen Eltern, die alleingelassenen Kinder und die sinnsuchenden Kindeskinder. Jeder und keiner trägt hier also die Schuld, es ist nichts weiter als die schmerzhafte Entwicklung einer Gesellschaft und deren Individuen. Aber der Schwarzmaler, der könnte ganz trocken feststellen: Wenn in einer Gesellschaft jeder blind für die Bedürfnisse der anderen ist, weil die eigenen so emotionsbeladen im Vordergrund stehen, wird ein Wurstkorb niemals fair verteilt werden, werden Kellertoxikosen niemals feinfühlig behandelt werden, werden Diebstahl, Geheimnisse, Feindseligkeiten und Spaltung niemals ein Ende finden. Wenn sich im Angesicht der Krise ein jeder verletzt zurückzieht und dabei nochmals ordentlich austeilt, hat niemand was von der Leberwurst, nur Vergiftungen, Zerrüttung und Scherereien. Die Gemeinschaft zerlegt sich aus einem dynamischen Ganzen in viele dysfunktionale und verletzte Individuen, wenn Blindheit und Borniertheit vorherrschen und ein Gesamtblick auf die Dinge mit

Berücksichtigung aller Ebenen in allen Farb-schattierungen ausbleibt.

Am Ende dieser Studie angelangt, frage ich mich: Was wäre die Lösung für ein solches Dilemma? Was könnte der Rosamaler mit dieser erweiterten, differenzierten Sicht in vollem Farbspektrum anfangen? Und mit was wäre dem Schwarzmaler gedient, wenn er sich, anstatt nur das eigene Drama zu beleuchten und sich dann beleidigt abzuwenden, die Vielseitigkeit eines solchen Ereignisses vor Augen führte?

Vielleicht würden das nächste Mal am Familientisch, wenn die Story wieder zum Besten gegeben wird (sollte es zu einer so utopischen Konstellation jemals wieder kommen), die einen etwas leiser über die anderen lachen und die anderen etwas mehr über sich selbst, das wäre doch eine schöne Mitte. Ich glaube, man nennt es Toleranz oder auch Feinfühligkeit. Davon hätte ich gerne eine Familienpackung.

Selbstgespräch mit Buddha

Als ich Buddha endlich treffe, sitze ich vor diesem dicklichen Mann und fühle eine komplette Blockade. Was sagt man Geistreiches zu einem Buddha? Außer *Namasté* fällt mir nichts ein. Klüger wäre es wohl, die Chance beim Schopf zu packen und ihn etwas zu *fragen*. Aber welche der tausenden Fragen des Lebens ist die richtige? Wo fängt man an? Beim Großen oder beim Kleinen? Und was ist überhaupt klein und was groß?

Wenn ich mit *Sagen* und *Fragen* also nicht weiterkomme, ist es vielleicht das Klügste, ihn zu einer Reaktion zu bringen... Genau, soll er doch das Gespräch beginnen! Er ist ja schließlich der Weisere von uns beiden. Und außerdem ist er älter. Das ist es, denke ich stolz. Ich bin gar nicht mal so schlecht. Ich denke und lasse mir Zeit. Ich übe mich in zenhafter Geduld und mache mich dem Buddha somit ebenbürtig. Zumindest ebenbürtiger als mit jedem jovialen Gesprächsbeginn oder mit der philosophischsten Frage der Philosophiegeschichte. Doch der Buddha bewegt sich nicht. Wie ein Stein sitzt er da. Ruht in sich. Ich warte. Zeit scheint er zu haben.

„Kann ich dich alles fragen?", beginne ich nun das Gespräch.

„Du kannst mich alles fragen, was du mich fragen kannst", sagt er.

„Ich meine, wer weiß, wie viel Zeit du hast", erkläre ich mich.

„Zeit spielt für mich keine Rolle", gibt er mir gelassen zur Antwort.

Ich spüre eine innere Unruhe. Muss man ihm denn wirklich alles aus der Nase ziehen? Und diese Überheblichkeit geht mir auch auf die Nerven. *Zeit spielt für mich keine Rolle!*

Noch immer sitzt er versteinert da und lächelt. Lacht er mich an oder aus?

„Ok, dann anders gefragt: Wie lange bleibst du bei mir?"

„Ich bleibe so lange bei dir, wie du bei dir bleibst."

Die Nervosität bläst sich in mir auf und drückt mir gegen die Organe. Da würde ich aus der Lektüre des Zen-Kalenders auf der Toilette schlauer werden! Kann er nicht mal konkreter werden? Innerlich entwickelt sich eine gewisse Ablehnung diesem speckigen Kerl gegenüber. Wie kann man so selbstverliebt sein mit solch einer Wampe? Man kommt sich beinahe erbärmlich klapprig vor, wenn man ihn ansieht. Und diese lächerlichen Pausbäckchen, den kann man doch nicht ernst nehmen!

Im selben Moment schäme ich mich aber schon. Da sitze ich einem harmlosen Buddha gegenüber, der mich anlächelt und anstatt ihm freundlich zu begegnen, entwickle ich Skepsis und Feindseligkeit. Vielleicht muss ich einfach größer fragen, allgemeiner?

Und so frage ich: „Gibt es denn Zeit überhaupt?"

„Die Zeit gibt es in der menschlichen Vorstellung, also gibt es sie. Aber sie ist nur für den Menschen bedeutsam."

Damit kann ich nun endlich etwas anfangen, denn darüber habe ich mir auch schon Gedanken gemacht. Zeit ist nur ein vom Menschen geschaffenes Messinstrument, das darauf beruht, dass wir Erlebnisse gedanklich linear anordnen, anstatt das Große und Ganze vor dem Hintergrund der Endlosigkeit zu betrachten. Alles ist Wiederkehr, denn alles ist da und alles ist in Bewegung.

„Kannst du mir das vielleicht genauer erklären? Ich muss gestehen, ich bin mit deinen Aphorismen etwas überfordert."

„Je präziser du fragst, desto präziser antworte ich."

Ich bin noch immer verunsichert und beschließe, mit offenen Karten zu spielen.

„Also hör zu, ich weiß ehrlich gesagt nicht so richtig, was ich dich Schlaues fragen könnte. Kannst du mir denn nicht irgendwas mit auf den Weg geben, etwas das mich weiterbringt?"

Der Buddha sieht mich lange an. „Ich kann dir vieles sagen, aber du wirst davon nur das verstehen, was bereits in dir liegt, was du bereits selbst begriffen hast. Ich kann dir höchstens behilflich sein, breiter zu denken. Denn sieh, es ist so: Der Mensch ist letzten Endes wie ein Baum, nur nicht so weise. Nimm diese Birke hier. Was siehst du, wenn du diesen Baum betrachtest?"

„Ich sehe einen feinen, starken Stamm mit glatter Oberfläche, von rauen Stellen unterbrochen. Und viele kleine Blätter, die sich im Wind bewegen", bemühe ich mich.

„Siehst du. Damit erkennst du schon viel. Auch du bist ein Stamm, auch du hast Lungen und atmest, vollziehst Stoffwechsel, auch deine Haare wiegen sich im Wind wie seine Blätter. Nur hat der Baum auch Wurzeln, die dir verborgen bleiben. Du denkst beim Baum nur an das, was du im Moment wahrnimmst. So ist es auch mit dir selbst. Du siehst und spürst deinen Körper – aber deine Wurzeln, deine Ziele und Ängste, deine Leidenschaften und Begehren kannst du nur erahnen. In diesem Widerspruch lebt der Mensch. Er muss Seele und Körper vereinbaren, wo doch die Seele körperlos ist und der Körper seelenlos. Erst wenn es dir gelingt, dich in beidem zu erkennen, in deiner begrenzten Grenzenlosigkeit, werden sich Körper und Seele vereinen, werden Geist und Gefühl verschmelzen, wird sich deine Seele bereitmachen, ihr körperliches Haus zu verlassen. Wenn ein Baum vom Blitz erschlagen wird, wird seine Materie zu neuer. Ein Teil löst sich in der Luft auf, ein Teil wird zu Asche. Wenn ein Mensch stirbt, geschieht dasselbe. Er verändert seine Form, doch die Materie bleibt erhalten, löst sich in verschiedenste Bestandteile und wird in tausendfacher Form verstreut Teile von Neuem. Ein Mensch, der in Zeit denkt, wird die Ganzheit nicht verstehen. Ich möchte es dir mit etwas verdeutlichen: Du siehst den Baum nur in seinem aktuellen Zustand. Du siehst ihn nicht als Korn, nicht als Knospe, nicht als jungen Baum, nicht als das Stuhlbein, das er eines Tages sein wird. Aber all das ist er. Verborgen sind dir seine Prozesse, sein Wandel, seine Fülle. Jahr um Jahr bildet er einen neuen Ring, Jahr um Jahr wird er breiter, fester, höher, ehe er morsch wird und vergeht. Auch du lernst täglich Neues, durchläufst Krise um Krise, Prozess um Prozess in runden Kreisen, die dich weiten. Nur ist es dir verborgen. Dein Wachstum kann ich nicht beschleunigen, damit wäre dir nicht gedient. Du bist Mensch, solange du Mensch bist. Du kannst versuchen zu wachsen oder du kannst dich selbst kleinhalten. Du kannst dich dem Licht entgegenrecken oder dich in den Schatten ducken. Das ist deine Entscheidung. Ich kann dir nur Möglichkeiten aufzeigen. Menschen sind sonderbar. Sie wollen immer effizient sein. Ankommen ist die Devise, schnell aus den alten Krisen heraus und hin zur Vollendung. Aber ist denn nicht auch ein kleiner Baum mit wenigen Ringen ebenso vollendet wie sein großer, stämmiger Bruder? Allein der Mensch ist selten so vollendet wie der kleinste Baum, weil er sich nicht als vollendet begreift, weil er dem Moment davonrennt, um größer, stärker, besser zu sein. Doch Stärke liegt nicht in der Größe, sie liegt in der Ganzheit. Weisheit liegt nicht in der Hast, sie liegt im geduldigen Zulassen des Wandels."

Ich denke lange über seine Worte nach. Als ich aufsehe, betrachte ich den Buddha aus Stein. Möchte ich wirklich ein Stein sein? Meine unvollkommenen, menschlichen Gefühle durch geistige Reife ersetzen? Oder möchte ich lieber weiter scheitern und wachsen und sehnen und drängen und das Blut durch meinen vergänglichen Körper rauschen hören?

„Du bist Mensch, solange du Mensch bist", hat er gesagt. Zum Glück.

Kugeln im Raum

Wenn man sich das so vorstellte:
Die Welt ein Billardtisch,
das Leben ein Spiel
und der erste Impuls bestimmt den ganzen Verlauf:
Was wärst du?

Wärst du die weiße Kugel, die augenscheinlich das Spiel führt und
bestimmt?
Würdest du Ziel um Ziel anvisieren, Punkt um Punkt erzielen und so
lange am Leben bleiben, bis die schwarze Kugel ins Loch rollt? Man
schelte dich Träumer oder Egomane.

Oder fürchtest du, die schwarze Kugel zu sein?
Mit welcher der Untergang besiegelt wird?
Wärst du Teil eines Spiels, das ohne dich gespielt wird,
wo nur die anderen die Punkte holen und Siege verbuchen?
Armes schwarzes Schaf.

Oder reichte es dir, in vollem Vertrauen auf den Spieler mit dem
Queue einer unter vielen zu sein?
Egal ob voll oder halb, Hauptsache mit den einen gegen die anderen?
Als Rädchen im System wenigstens die Punkte zu liefern für den Sieg
der anderen?
Dein Loch wäre dir zwar gewiss, nur eine Frage der Zeit.
Der Idealist ist der gutaussehende Bruder des Fanatikers.

Oder würdest du vielleicht ahnen, dass du selbst das Spiel bist und
jede Kugel und jeder Stoß und jedes Loch ein Teil von dir?
Würdest du spüren, dass jede deiner Schwingungen Kind und Mutter
einer anderen ist?
Dann ginge es nicht um Punkte und Siege,
nur um Spiel... und Bewegung... und Eins-Sein im Ganzen.

Glaubensbekenntnis

Ja, ich bin gläubig!
Mein Glaube ist das Festhalten an meiner Zuversicht: gegenüber
mir selbst, dem Leben, der Allgemeinheit, dem Ganzen.
Ich glaube an den Glauben, nicht an die Gewissheiten.
Glauben ist formbar und soll formbar sein.
Es soll meine Aufgabe sein, meinen Glauben zu formen zu etwas,
das meinem Wesen entspricht.
Glauben ist keine Hoffnung oder Abstraktion, sondern eine
innere Gewissheit, für das Richtige einzustehen.
Und was wäre das Leben ohne einen Glauben daran?

Ja, ich bin Kämpferin, aber ich komme in Frieden.
Ich zeige Ausdauer und wende große Kräfte auf für die Dinge,
die mir richtig erscheinen. Ich möchte mich dabei friedlicher
Mittel bedienen und mein Kampf setzt nicht auf Gewinn,
sondern auf Zugewinn.
Meine Superpower sollen die Good Vibes sein.

Ja, ich bin Optimistin, aber ich bin nicht verklärt,
sondern strebe nach Klarheit:
Innere Klarheit über die Ordnung im Chaos
und das Chaos in der Ordnung.

Ja, ich vertraue.

Ich lasse den Zweifel nur für die Entwicklung zu – für diese
möchte ich alles bis ins Kleinste zerlegen – aber ich lasse ihn
nicht an meine Liebe zum Leben,

an die zu mir selbst und zu allen und allem.

Daran darf kein Zweifel aufkommen, denn diese sind, weshalb
ich immer optimistisch sein und vertrauen kann.

Ja, ich glaube an das Gute und den Frieden,
denn in jedem kleinsten Teilchen dieses Kosmos
steckt ein Stück davon.

Man kann den Kosmos nicht ohne das Chaos betrachten
und das Chaos nicht ohne die Ordnung.

In jedem Krieg steckt Frieden und in jedem Frieden Krieg.
Ich will einen weißen Krieg führen für den Frieden und dem
Chaos Ordnung schenken und Chaos in die Ordnung bringen.

Ich glaube, das Gute liegt in der Harmonie,
wenn alles einen Wert hat,
der hoch und gleich hoch ist.

Ja, ich bin Spielerin, ich setze alles aufs Spiel *für* das Spiel aber
nicht das Spiel selbst. Ich höre mir die Spielregeln an, aber ich
scheue mich nicht, mir meine eigenen zu machen, um sie in
Einklang mit meinen Werten zu bringen. Ich spiele gerne
neugierig und ungehemmt, gerne allein, gerne mit anderen,
aber nicht gegen sie.

Ja, ich bin Tänzerin, ich tanze durch Luft und Wasser und Erde und Feuer, ich spüre meiner Existenz in allen Zuständen und Umwelten nach und ich möchte in jedem Augenblick meine Wiedergeburt feiern. Dazu gehören Geburtsschmerzen, Verzweiflung, Sorge, sie dürfen aber niemals regieren, sondern sollen Begleiter der Liebe zum Leben sein.

Ja, ich glaube an die Liebe.
Liebe wird mit jeder Begegnung neu geschrieben, aber meine Liebe soll hinführen zum Guten und Schönen und zum Frieden.
Meine Liebe bedeutet Willkommen und Abschied.
Im Willkommen steckt: das absolute Jasagen zu einem anderen Menschen. Im Abschied: das Lösen von Erwartungen und Wunschdenken. Ich möchte nicht von anderen träumen, nicht Traum anderer sein, ich möchte gemeinsam sein.
Meine Liebe ist die Dankbarkeit darüber, mit anderen gemeinsam und gemeinsam mit mir selbst Teil eines Ganzen zu sein, das mich glücklich macht.

Ja, ich glaube an meine Leidenschaften.
Denn sie sind der Puls in meinem System.

Ja, ich weiß, dass ich Mensch bin und niemals Ideal.
Ja, ich weiß, dass mein Glaube nur im Laufe eines Lebens mehr und mehr zur Wirklichkeit wird und immer beides sein wird:
Glaube UND Wirklichkeit.

Jede Schwingung ist Teil eines Prozesses, Anfang eines neuen und Ende eines alten – unvollständig und trotzdem vollkommen.

Ja, ich glaube an das Leben und ich glaube an das Nichtleben, denn beides ist ein Teil einer einzigen Existenz, in der alles miteinander verbunden ist und fließt. Panta rhei.

Ja, ich weiß, dass ich fehlerhaft bin, andere verletze, auf Granit beiße und blind auf beiden Augen bin:
Deswegen lebe ich, um meine Augen für das Sehen zu öffnen und mein Herz für das Fühlen
und damit mir Flossen wachsen im Wasser
und Flügel in der Luft.
Ich glaube an das Leben, weil das Leben an mich glaubt.

JA

Abschied **und** **Willkommen**

wie

einatmen

und

ausatmen

nur wer bereit…

was heute rechts ist

ist morgen links

was heute Recht ist

ist morgen link
Zer-

rissen-

heit

auf

und

ab

und

hin

und

her…

oder
man löst sich von den Seiten

Neubeginn:

ich löse mich von allem mir bekannten
lösemichaufinbezuglosigkeit
schmerzhaft taube leere
und ehe ich vergehe

entspringt mir

ein lebensrettender Funken
eine lodernde Wut
ein dankbares Amlebenspüren
Auf in die neue Mission!
Für eine neue Vision!

im Krieg mit dem Ehemalsgeliebten
und ehemals gelebten,

um Platz zu schaffen für neue Liebe
und neues Leben
Zum Schlafen ist es noch zu früh!
Lass mich noch ein wenig brennen,
emsig, lebendig,
schaffen und erschaffen:
mich, dich, die Welt
Nur etwas spielen noch,

bis dass

die Luft ausgeht
und das Feuer droht
in der Glut zu vergehen*

*(wo doch die Glut
am heißesten ist
und das Leben
enthält und erhält –
Glut ernährt sich ja vom Feuer!)

Die Angst vor dem Erlischen
lasse ich zu
und lasse sie los
und sterbe erneut

um

wiedergeboren zu werden.

Abschied nehme ich

für

den Neubeginn.

Ich glaube:
Wer aus Angst
zu vergehen
und zu Asche zu werden
nicht das Atmen wagt,
nicht weiß, wozu er Lungen hat
und wie man sie gebraucht,
wird in der Glut selbst
schon Asche sein,
ohne je zu brennen.

Kein Phönix kann
sich hier erheben,
kein Vogel darf hier fliegen,
kein Erbauen darf hier sein
aus Angst vor dem Verfall.
Nicht Spiel, nur Los
nennt er das Leben.

DOCH FLAMME BIN ICH SICHERLICH

Lass mich noch ein wenig brennen
ehe ich erneut

verglimme

ehe ich letztmals (?)

meine Asche begrüßen werde

für
das Schaffen
und das Werden
und das Leben

Trennen heißt lassen,

aber

wenn man es kann

heißt es in erster Linie *werden*

– und:
heißt leben nicht werden
und lernen zu sein?
– und:
heißt leben nicht sterbend erkennen
dass Sterben Leben gebiert?
– und:
heißt lieben nicht zuversichtlich
und dankbar zu sein?
Heißt das Leben lieben nicht:
spielen und sich bespielen lassen?
Beides sein: Spieler und Instrument
schwingen und klingen
in Harmonie

Wer die Wahl hat,
das Lieben zu lernen,
für den kann das Leben Musik sein.

Und wenn es dann Zeit ist zu schlafen,
soll
mein
letzter
GeDANKE
ein
DANKE
sein

Doch: Jetzt möchte ich tanzen!